AF611196

LETTRES

D'UN

RURAL A PARIS

PAR

L. COUSSE

Les tyrans s'éteindront comme des météores.
(V. Hugo, *Châtiments.*)

PRIX : 1 fr. 50 c.

BORDEAUX
LIBRAIRIE MODERNE, PLACE DE LA COMÉDIE
E. Fouraignan, libraire-éditeur.

1872

A MA MÈRE

Quelque part ce cri a échappé à l'âme du poète :

« Ô l'amour d'une mère ! amour que nul n'oublie ! »

Je voudrais tenir dans ma main le burin qui a tracé ce vers sublime pour te dire que c'est cet amour qui me fait t'offrir ces *pauvres* lettres, ô ma mère ! Faible reconnaissance pour tant de sollicitudes, sans doute ; mais, reconnaissance sincère, profonde, comme tout ce qui part du cœur.

Accepte-les donc quelque imparfaites qu'elles soient : tu y retrouveras au moins le pâle reflet des nobles sentiments dont tu te plaisais à jeter les germes précieux dans ma jeune âme ! car, si je tiens d'un père qui hélas ! n'est plus depuis trop longtemps les grands principes démocratiques de liberté, d'égalité, de fraternité, qui furent ceux de toute sa vie..., n'est-ce pas de toi que je tiens les principes non moins démocratiques d'humanité, de justice et de vérité, de toi qui ne cessais jamais de m'inspirer l'amour du bien et l'horreur du mal...? Ah ! ce n'est pas ta faute si une telle semence n'a pas produit les fruits attendus... ; et cependant je sens bien que l'on n'oublie jamais ce que l'on apprend sur les genoux de sa mère.....

Puissent du moins, ces *pauvres* lettres, te donner cette assurance, ô ma mère !...

Oh ! je te les dédie avec bonheur ; car, il

me semble que, placées ainsi sous tes auspices, elles paraîtront plus sûrement devant un public qui n'a pas, je le sais, ni un regard ni un cœur de mère...

Oui, puisse ton nom solliciter, *pour elles*, et son indulgence et sa sympathie.

L. COUSSE.

I

J'arrive de province, et je rentre dans ce Paris où le fer et la flamme ont passé, laissant après eux bien des cadavres et d'immenses ruines, dans ce Paris témoin et victime de tant de calamités ! Qu'il me soit donc permis de dire l'impression que ce spectacle étrange a produit dans mon âme.

Je n'ai, sans doute, pour parler de toutes ces choses, que la faible autorité de tout le monde ; mais, je le ferai du moins avec cette impartialité qui convient aux grandes infortunes....

Il y a un peu plus d'un an, j'étais venu aussi admirer ce qu'on appelait alors les splendeurs de la capitale..... Sardanapale était sur son trône, ou mieux, dans son lit !.... Les citoyens, ses trop patients sujets, s'étaient endormis au sein des « délices de Capoue !... » La grandeur était montée à son apogée et la corruption descendue au dernier degré de l'avilissement !...

Ce fut dans cet état de dégradation, de faiblesse et de honte que les barbares vinrent surprendre César et son empire pour les écraser à jamais ! Ainsi s'était éteint l'empire romain, cet empire « pétri de boue et de sang. » selon le mot énergique d'un historien, et dont toutes les prospérités matérielles, si bien faites pour favoriser le despotisme de ses Césars, ne purent empêcher l'inévitable et épouvantable chute.

En voyant donc et les magnificences de Paris et la joyeuse vie de ses habitants, tant de gloire et de grandeur mêlées à une si profonde dégradation, j'admirai beaucoup sans doute ; mais comment ne pas pousser au moins un soupir sur la bassesse de l'homme, plus grande encore que son génie ? Et cependant j'étais loin de penser qu'on marchait à l'abime.....

Certes, que les temps ont changé depuis les voluptés et les orgies impériales ! « *quantum mutatus ab illo !* » peut-on s'écrier avec le poète. Ces splendeurs, dorées à la surface, ne sont plus que des cendres ! De tous côtés des ruines..... Et, cette fois, à mesure que j'avance dans la capitale, un seul sentiment me pénètre tout entier : c'est le sentiment d'une respectueuse tristesse, et je suis tenté de faire comme ces pèlerins d'autrefois qui tiraient leur chaussure quand ils approchaient d'un lieu fameux. Car, la poussière que l'on foule ici est une poussière encore toute imbibée et comme empourprée de sang humain !...

Paris est triste, morne, silencieux ! Tout est changé, son aspect n'est plus le même; au lieu d'une joyeuse animation, l'agitation ; au lieu de l'empressement, le tourbillon..... Il n'y a qu'une chose dont cette cité intelligente, laborieuse, active, semble ne vouloir jamais se séparer, c'est le travail ! le travail qui féconde et malgré tout entretient toujours le mouvement, le va-et-vient, au milieu de tant de vestiges et de signes de mort !...

Ce serait peut-être le lieu de se dire : qui a fait ces ruines ? qui a propagé la flamme et allumé ce vaste incendie ? Je laisse à l'histoire le soin de répondre. Car, si je ne puis me résoudre à louer d'un aussi sanglant triomphe des vainqueurs, à qui doit suffire pleinement le mérite qui revient d'un grand devoir si cruellement accompli, je ne puis pas non plus jeter l'insulte à des vaincus qui ont mérité de l'être, et je n'imiterai jamais la barbarie poussant son cri sauvage : *væ victis !* Aussi, mon esprit saisi de tout ce qu'il voit ici, je veux seulement me demander : d'où viennent donc et cet air morne, et cette tristesse muette, et ce sourd mécontentement qui se fait sentir mais qui ne s'exprime pas, et enfin, ce malaise des esprits encore plus réel que sensible?

Ah! sans doute, au foyer domestique il y a une place vide : on y pleure quelque chère créature absente, hélas!... Sans doute, une odeur de cadavre s'exhale peut-être encore à travers les parfums des fleurs de nos parterres et du milieu des décombres qui attestent une grande catastrophe! tandis que beaucoup expient peut-être aussi dans les pontons les fautes de plus grands coupables qu'eux! Certes, ce sont là des motifs bien légitimes de douleur et d'anxiété; mais, il est pour Paris, ce me semble, une autre juste cause de triste et anxieuse préoccupation : c'est de n'être pas toujours la capitale de la France..... car, Paris n'est plus le siége du gouvernement français et républicain! C'est Versailles, la cité des plaisirs et des délassements des Pompadour et de leurs royaux amants, nos vieux monarques. Humiliante et dangereuse préférence!!!...

Je ne sais plus quel poëte nous représente Marius errant, triste et rêveur, sur les ruines de Carthage, mais je sais bien qu'il ajoute ce vers fameux :

« Et ces deux grands débris se consolaient ensemble ! »

Le cœur navré, meurtri, j'ai visité les ruines et les décombres amoncelées durant les jours de nos luttes fratricides, ces jours qui ont lui sur nous « comme un hideux flambleau, » selon le mot de

Victor Hugo. A défaut de grand homme que je n'ai pas su y rencontrer, il m'a semblé voir une grande ombre s'avancer à travers ces débris encore fumants ! C'était peut-être l'ombre de la France éplorée dont je crus entendre la voix qui disait : « Ah ! si on m'avait laissé Paris pour capitale, peut-être encore, ces pierres, ces marbres, ces statues, au lieu d'être étendus là, dans la poussière, seraient à leur place, et le grand monument serait encore debout ! Si..... si..... peut-être..... peut-être..... mais, qui sait bien ce qui serait arrivé !

« Felix qui potuit rerum cognoscere causas ! »

Quoiqu'il en soit, Paris, il faut le dire, ne saurait se passer de la France et la France ne peut se passer de Paris, sa vieille capitale..... Paris, ce « centre de l'Europe, » comme on l'a si bien dit doit être le siége du gouvernement, parce que c'est là sa place naturelle ; car Paris est à la fois la tête et le cœur de la France...., la tête d'où part la vie de l'intelligence, du génie, de l'esprit qui enfantent, conservent, communiquent la science et le savoir ; le cœur d'où part la vie aussi, c'est-à-dire le mouvement, l'impulsion, le puissant moteur qui fait prospérer l'industrie et le commerce, crée le bien-être matériel sinon moral; entretient et fortifie l'unité nationale..... O Messieurs de la droite, ne ravissez pas au pays un de ses principaux éléments de vie et de progrès ! Rendez, dis-je, la France à Paris, et à la France, Paris sa vieille capitale.

C'est là le vœu de la nation, et on est heureux de penser que c'est aussi celui du gouvernement ! Aussi, nous l'espérons, malgré la *droite*, malgré ses dessins et ses tentatives monarchiques, Paris capitale sera bientôt rendu à la France ; car, si enfin Paris a démérité, ses rues rougies de sang, ses monuments détruits, ses enfants prisonniers sont les témoins irrécusables d'une cruelle expiation ! Oui, lui, ce Paris, a reçu en toute vérité le double baptême du sang et du feu ! Et c'est assez d'une fois...

On a dit fort poétiquement : « Le vent qui souffle sur une tête dépouillée ne vient jamais d'un rivage heureux ! » Enfants de la génération nouvelle, instruits par une rude expérience, c'est à nous de faire qu'il soit favorable le vent qui soufflera désormais sur la tête dépouillée de la France ; c'est à nous de cicatriser les plaies de la patrie ! Travaillons-y par la pratique de toutes les grandes vertus sociales et non de ces vertus dont parlait Bossuet, vertus de commerce ajustées, non à la règle, mais à l'opinion... »

A toi, ô Paris, de marcher à la conquête pacifique de toutes tes libertés ! Écoute une voix, jeune et inconnue il est vrai, mais amie : Ne te laisse plus tromper par les conseils perfides d'ambition déguisées et résiste aux entraînements coupables, qu'aux rois et aux despotes dont tu ne veux pas ! Car, tu le sais trop bien, les triomphes de la force brutale sont souvent injustes et presque toujours éphémères ; il n'y a que ceux du droit et de la force morale qui soient justes et durables ! Et ainsi, sous l'égide de la liberté qui a, comme la lance d'Achille, la propriété de guérir toutes les blessures qu'elle fait, tu retrouveras ton ancienne splendeur, un instant voilée par ces traces sinistres de mort et de ruine encore nombreuses dans tes murs..., et alors, il sera vrai de dire avec le plus grand orateur de ce siècle retournant le mot du poète : « Le vent qui souffle sur une tête dépouillée, vient quelquefois d'un rivage heureux ! »

Paris, 22 août 1871.

II

Sainte-Beuve voulant peindre le réveil de la nature quand est passée la saison des glaces et des frimas, nous parle dans son beau langage « de la nature tant aimée qui recommence ses printemps sur des ruines et qui revêt chaque année des tombeaux. »

Admirable phénomène ! C'est ce que fait aujourd'hui la France. Après cette triste année qui a vu la main de la mort et de la destruction ravager nos plus belles provinces, frapper des milliers de nos frères, entasser les cadavres et les ruines, la France, elle aussi, recommence son printemps sur tous ces débris, au milieu de toutes ces misères, et, comme l'aigle, renouvelle sa jeunesse ! Après tant de malheurs, de déchirements, d'angoisses, la France sort de ce tombeau où on croyait peut-être l'avoir ensevelie à jamais et elle renaît à la vie nationale ! Ses communications rétablies, la vapeur promenant partout son panache de fumée, elle peut ressaisir les liens trop longtemps rompus de son unité, et elle ressuscite plus forte, plus fière, plus libre... Tout revient au point de départ, chacun regagne son poste, les affaires reprennent leur cours ! Une chose toutefois ne me paraît pas encore à sa place : c'est le gouvernement.

Pourquoi donc n'est-il pas à Paris, sa place naturelle, plutôt qu'à Versailles ? Le gouvernement, du moins la Chambre a eu peur ! Eh bien, à mon avis, la résurrection ne sera complète que lorsque de ses conseils elle aura banni la peur.....

La peur, en effet, ce triste et mauvais conseiller, ce sentiment particulier aux âmes pusillanimes et qui est aussi l'écueil contre lequel vont souvent se briser les cœurs généreux, la peur a perdu plus de causes qu'elle n'en a gagnées, a compromis plus de situations qu'elle n'en a arrangées, a fait crouler plus d'empires et de nations qu'elle n'en a sauvés ! non, je ne m'étonne pas qu'un poète de l'antiquité, Stace, ait mis ces mots dans la bouche d'un impie : « C'est la peur qui a inventé les dieux. »

Mais sans remonter bien haut dans l'histoire, n'est-ce pas la peur qui, il n'y a pas si longtemps, a compromis notre situation déjà si fort compromise et qui, par conséquent a ....? Car, n'est-ce pas la peur qui a engendré la méfiance et l'hésitation ?

La Chambre, disons-nous, a eu peur : elle s'est méfiée de Paris, et que ce soit ou non sa volonté, cette méfiance a gagné le pays qui l'a poussée — cela devait être — à une si coupable exagération ! Ainsi, n'avons-nous pas entendu certaines gens oser proférer ce cri barbare de guerre et d'extermination : « *Delenda est Carthago ?* » Comme la vieille Carthage, Paris doit être rasé..... Et, par qui ? Par les Prussiens peut-être ? non, par les Français.....

Honte, sans doute, honte éternelle à ces hommes que l'esprit de parti aveugle si misérablement ! Imprudents qui ne veulent pas comprendre combien « le sang qui fume, le trop plein des cimetières, les larmes des mères, sont de redoutables plaidoyers ! »

Toujours est-il qu'une telle méfiance peut produire les conséquences les plus désastreuses : car, à son tour, Paris, a tort, peut-être, s'est méfié de la France et de son gouvernement ; peu s'en est fallu qu'un mur redoutable ne s'élevât entre le pays et sa capitale, et qu'ainsi l'unité nationale ne fut pour longtemps rompue...

Mais, aujourd'hui, plus d'équivoque ! plus de méfiance !... Que veulent, en effet, et Paris et la France ? L'ordre dans la liberté, l'unité avec quelques droits différents ou distincts sans doute, l'économie, le contrôle, la République enfin... Non, on n'a pas à craindre la tyrannie antique, pas plus que le retour des dîmes et des corvées ; car, comme le dit avec raison l'auteur des Essais de morale et de politique, « il existe un degré de civilisation qui exclut le despotisme et le rend impossible ; il y aurait trop de lumières à éteindre, il n'y a point de desposte où l'on crie au despote. »

Mais ce que Paris craint et ce que la France doit redouter, c'est précisément le triomphe du principe lui-même représenté par M. de Chambord ; c'est ce gouvernement personnel et monarchique, source de tant de malheurs pour la patrie, c'est enfin « la substitution d'un demi-trône au trône complet, cette œuvre de 1830. » Non, pas plus la lancette de Louis-Philippe, que le drapeau blanc d'Henri IV, ne peuvent sauver la France, qui ne veut pas de concession, mais qui réclame ses droits et ses conquêtes !

Monarchistes de toute nuance n'exposez donc pas vos prétendants à ces journées terribles qui s'appellent dans l'histoire 21 janvier, ce jour où le dernier fils de Saint-Louis monta au ciel ! Epargnez surtout les larmes et le sang de la France.....

Ennemis de toutes les tyrannies, et démagogique, et monarchique, et césarienne, Paris et la France sont donc d'accord maintenant ! malheur à qui ose-

Bien mieux : le gouvernement a accepté le fait accompli ; il n'a plus qu'à le reconnaître solennellement et à rentrer dans Paris — il a expié, car il a souffert ! — pour que l'entente soit désormais parfaite..... Sous peine de se contredire, qu'il banisse donc toutes ces résolutions inspirées par la peur, car, comme le dit Montesquieu, « la vertu, c'est-à-dire le courage, l'énergie, est le fondement du gouvernement républicain, comme la peur est celui du gouvernement despotique. »

Mais on hésite !...

La peur a aussi engendré l'hésitation, ce manque d'énergie dans le caractère, ce défaut de résolution dans la volonté. Eh bien ! tous les actes de l'Assemblée, obligée de céder trop souvent au parti monarchique, me paraissent entâchés d'hésitation : On veut venir à Paris ; on hésite, on n'y vient pas ! On veut maintenir les lois de précaution qui ne permettent pas aux princes des familles royales de siéger dans une Assemblée française : on hésite, et finalement on ne vote pas la loi. Les prétendants au trône pourront venir, en quelque sorte, cabaler officiellement, car ils sont députés. On veut proroger les pouvoirs de M. Thiers comme président de la République : on hésite longtemps et on finit par les proroger, il est vrai, mais avec des conditions qui rendent cette prorogation presque dérisoire ! On propose des mesures démocratiques, des réformes urgentes : on hésite ; on ne veut pas de réformes... ! On passe des semaines à discuter une loi sur les Conseils généraux, loi qu'il ne m'est pas permis de juger ! Tandis que — pour ne citer qu'un exemple de réforme urgente — les communes de France, pour la plupart la proie des maires réactionnaires, malheureux complices de leur ancien maître, les communes de France, privées de leur liberté, subissent les conséquences d'une législation essentiellement vicieuse. Ah ! comparez la commune française à la commune américaine, et vous verrez quel chemin nous avons encore à parcourir avant d'avoir atteint même ce degré de perfection !... Mais passe. S'agit-il de proclamer définitivement la forme du gouvernement que la France possède et qu'elle veut conserver? On hésite, on hésite encore, et on hésitera toujours. On hésitera toujours, jusqu'à ce qu'enfin une nouvelle Assemblée, représentant plus fidèlement les aspirations du pays, soit venue réaliser ce vœu qu'on peut certainement appeler un vœu national.

Ah ! quand l'Attique, inondée par les hordes asiatiques, vit son indépendance et même son existence sérieusement menacées, les Athéniens n'hésitèrent pas ! Conseillés par l'oracle, ils cherchent un refuge sur la flotte et risquent un combat qui amena leur affranchissement...

Il s'agit, non de l'affranchissement du pays, qui

est sauvé sinon complétement affranchi, sans qu'on ait eu recours à un héroïsme dont nous n'étions peut-être pas capables, mais de sa réorganisation ; il s'agit de prévenir l'anarchie, et de relever une nation tombée si bas après être montée si haut ; il s'agit de refaire la France !

Et on hésiterait ! non, les lenteurs, les compromis, les demi-mesures, les hésitations ne sauraient être un moyen de salut, une source de grandeur : toutes ces choses ne sont tout au plus que la dernière et puérile ressource de la monarchie aux abois. Que dis-je ? les hésitations, les demi-mesures ont souvent tout compromis, et ne servent presque toujours qu'à semer, propager, entretenir l'irritation, à tout précipiter ! Prenez donc garde,

« Car dans ce siècle ardent toute âme est un cratère
Et tout peuple un volcan. »

Je me souviens de ce qu'un homme éminent disait il n'y a pas si longtemps à la tribune du Corps législatif : « Quand s'est opérée la révolution commerciale de 1860, s'écriait M. Thiers, le pouvoir qui l'avait imposée sans préparation a dit à tous les industriels : changez votre outillage.

Ce n'est pas à nous, sans doute, à conseiller les hommes

« A qui des nations le soin est confié, »

mais enfin, voilà une grande révolution qui vient de s'opérer dans les destinées de la France ; n'est-ce donc pas le moment d'appliquer cette maxime : changez votre outillage ? Comment, vous avez chassé le machiniste incapable, et vous garderiez sa machine, usée, vermoulue. Oui, changez votre outillage ! c'est-à-dire, débarrassez le pays des institutions impériales qui le gênent et donnez-lui des institutions sagement, mais franchement démocratiques. Surtout ne vous méfiez pas, surtout n'hésitez pas ! Bannissez la peur : c'est à ce prix que l'on est un véritable gouvernement républicain !...

Paris, 28 août 1871.

III

Qu'elle est donc la grande hésitation du moment?

Je l'ai dit, on hésite surtout à reconnaître et à faire solennellement proclamer le gouvernement de la France : la République.

La République ! A ce mot, qui autrefois enfantait des prodiges, ne voyez-vous pas les Ravinel, les Kerdrel, les Dahirel, les Belcastel bondir à leur place, comme si un insecte vénimeux les eût piqués au talon ! Ils montent à la tribune, hurlent, interrompent, s'inquiètent jusqu'à ce qu'enfin, pour les réduire au silence, on vient dénoncer leur système d'alarmes « perfidement imaginé et poursuivi, » les invectiver, les apostropher de cette façon écrasante : « C'est vous qui troublez le pays ! » — Chut !

Ce sont les amis de l'ordre, ce sont les conservateurs..... Bon Dieu ! Quand donc la France en sera-t-elle débarrassée? car, ces conservateurs-là me paraissent ne vouloir conserver qu'une chose : leur siége à l'Assemblée.

Mais laissons rager tous ces sires-là, et parlons — c'est plus important — de cette grande chose pour laquelle volontiers on se faisait tuer à Athènes, à Sparte, à Rome, et que nos zélés monarchites voudraient au contraire à jamais anéantir ! Parlons de la République, aujourd'hui surtout que ses destinées sont en jeu et que certaines gens osent encore, après la terrible expérience que nous venons d'en faire, lui préférer le gouvernement d'un homme..., de *cet homme même* qui vient de disparaître sous le mépris public, et dont le nom seul, « cloué au pilori de l'histoire, » dira aux générations futures les ruines, le déchirement, le démembrement de la patrie !...

Qu'est-ce donc que cette République qui excite si fort la colère du parti monarchique, la colère des grands, des puissants, de ces hommes qui mettent le blason et leur ambition personnelle bien au-dessus des grands principes de liberté, d'égalité, de fraternité ? — C'est tout simplement le seul gouvernement qui puisse sauver la France et lui rendre son ancienne grandeur ; car, la République, c'est avant tout l'union, l'économie, la liberté.

Pour s'en convaincre il n'y aurait qu'à jeter les yeux sur les Etats-Unis d'Amérique, devenus une des premières nations du monde après cette longue guerre qui leur coûta peut-être un million d'hommes ; mais, aujourd'hui, les faits ne suffisent plus, il faut raisonner.

On l'a dit et c'est vrai : « la République est le gouvernement qui nous divise le moins. » — Il y a en France trois ou quatre partis qui se disputent le pouvoir, veulent donner la couronne au prétendant que chacun d'eux soutient, et faire triompher, enfin, le principe que chacun défend...

De là, intrigues, luttes, discordes civiles, division, par conséquent, et, ce n'est pas la division qu'il nous faut... Sous un bon gouvernement républicain, toutes ces luttes, qui tuent les peuples au lieu de les faire prospérer, toutes ces divisions doivent cesser, car elles n'ont plus raison d'être, la République étant le gouvernement de tous pour tous ! Aveugle qui ne voit pas cela, coupable qui ne veut pas le comprendre...

Qu'arrive-t-il, en effet ? Tous les partis, divisés sous une monarchie qui ne peut en satisfaire qu'un, cherchent alors à renverser le monarque ou absolu, ou constitutionnel, ou autocrate, suivant que c'est ou la branche aînée, ou la branche cadette. ou le césarisme qui règne ! Tandis que tous ces partis réunis, comme par la force des choses, sous le drapeau aux trois couleurs de la République, qui, n'excluant personne, doit les satisfaire tous, travaillent ensemble au bonheur et à la prospérité de la patrie ! Ils sont unis, car ainsi la cause de leur division ne doit plus exister.

Bien mieux : tous les partis se confondant dans un seul qui les renferme tous, ayant alors tous les mêmes droits et les mêmes intérêts à défendre, il n'y a plus de place pour les priviléges et les faveurs qui ne servent qu'à élever des incapacités protégées et à faire des mécontents..., ces agitateurs perpétuels dont le nombre va toujours augmentant.....

Oui, avec la République, même tout prétexte aux bouleversements intérieurs, aux révolutions sanglantes semble disparaître et la guerre civile ne paraît plus possible ! car, la nation ayant alors la faculté de disposer librement de ses destinées, de faire respecter ses droits s'ils venaient à être méconnus, grâce enfin au libre et fréquent exercice du suffrage universel, on ne songe pas même à avoir recours — c'est inutile ! — à ces moyens violents et terribles qu'inspire plus la passion que la raison, et qui aboutissent trop souvent à détruire et presque jamais à édifier.....

Avec la monarchie, au contraire, renaissent les priviléges et les faveurs, reparaissent les mécontents, c'est toujours à recommencer..... et, comme l'a dit un écrivain peu suspect en ces matières : « les révolutions ne font que passer sur les peuples, alors qu'elles font tomber les rois comme des têtes de pavots ! » Ce sont ces chutes qui sont redoutables car elles ne se font pas sans secousses.....

Ici, sans doute, les partisans du droit divin se récrient, indignés, ils se récrient, eux, qui comme garantie de l'ordre et de la liberté dont ils se disent les véritables et légitimes représentants, nous parlent avec complaisance des *devoirs de la royauté*, ces devoirs toujours méconnus par les rois et que, bien en vain, Bossuet et Fénelon s'efforçaient de leur rappeler autrefois avec tant d'éloquence. On n'a pas à examiner des théories vieillies qui ont heureusement nécessité 89 et malheureusement peut-être poussé à 93 ! D'ailleurs assez singulièrement frappé de la différence que présentent déjà sous l'empire romain les empereurs élus et les empereurs nés sous la pourpre, je veux me contenter — cela suffit, aujourd'hui surtout — d'adresser à la monarchie du droit divin le mot énergique de Mirabeau à Barnave : « Il n'y a pas de divinité en toi !... »

Au reste, notre propre histoire vient à l'appui de ce que j'avance. Trois fois dans l'espace de soixante ans, nous avons fait l'essai de la monarchie, et trois fois elle est tombée, aussi impuissante à se soutenir elle-même qu'incapable de donner au pays l'ordre, l'union, la paix intérieure ! Trois fois nous avons relevé le trône, et trois fois, sapé par les divisions qu'il avait créées, il s'est écroulé, effondré, au milieu de tous les bouleversements ! Trois fois, nos souverains ont essayé de ressaisir un empire perdu, et trois fois ils ont échoué, car leur présence sur le trône, leur pouvoir, leur gouvernement ayant fomenté, excité, entretenu la division, ils ont été emportés par le mouvement qu'ils étaient impuissants à arrêter, en ne laissant après eux que l'anarchie et le désordre.

Trois fois ! c'est assez, c'est même de reste ! A la République maintenant de faire cette œuvre de pacification complète que trois fois depuis soixante ans la monarchie a dû abandonner, impuissante qu'elle était à l'accomplir.....

Oh ! répliquent les monarchistes, que parlez-vous d'ordre, de paix, d'union ? « Votre République, c'est la révolution, le triomphe de la démagogie, par conséquent le désordre, la guillotine en permanence, le spectre rouge enfin ! » Et ils vont colportant ces stupidités à travers les campagnes, affolées de terreur..... Certes, c'est bien le cas de dire avec Montesquieu « qu'il est des sottises que l'on répète sans cesse et que les hommes ne se lassent pas de répéter ! » confondre ainsi la République dont tous les grands génies reconnaissent, au moins quant aux principes, la supériorité sur toute autre forme de gouvernement, la confondre avec ce fétichisme autoritaire, ce despotisme démagogique qui ne peut autre chose que s'imposer un instant peut-être, et entasser des ruines sur son passage, c'est une stupidité, quand ce n'est pas une tactique comme sous le dernier empire, et ce n'est pas là la République, celle dont je veux parler, celle qui peut sauver la France.

Mais, la République autour de laquelle tous les Français devraient, se semble, se grouper à l'envie, c'est ce gouvernement démocratique, sage, bien conduit, qui est la juste expression de la volonté d'une nation libre, éclairée, puissante, ce gouvernement fondé sur de bonnes institutions libérales, et protectrices de tous les intérêts du pays ! C'est cette République sous laquelle nous verrions bientôt peut-être se réaliser la sublime pensée que Lacordaire exprimait en ces termes : « Le problème de la société, c'est l'alliance de la religion et de la liberté ! » car, comme l'a dit Cicéron, je crois : « Il n'y a pas de société sans religion ; c'est enfin la République de Lafayette et de Washington, de Cavaignac et de Lamartine, etc., etc.

Oui, n'en doutons pas, sous cette puissante égide, nous reviendrons un peuple grand, un peuple prospère, nous reprendrons notre place dans le monde qui ne rira plus de nos divisions ; car, nous aurons retrouvé l'union qui nous est indispensable, l'union qui fait la force ! Et, sans prétendre à la perfection gouvernementale, il me semble que si nous ne pouvions nous flatter d'avoir à notre tête un Spartiate ou un Romain, un Fabius ou un Cincinnatus, nous serions assez heureux du moins pour ne pas être les humbles sujets d'un Tibère ou d'un Néron, d'un Guillaume ou d'un Napoléon.....

Paris, 1er septembre 1871.

IV

Je disais hier que la République était le gouvernement qui nous divisait le moins! J'ajoute que la République c'est l'économie, et la France a besoin d'économiser. Car, la question des finances est devenue pour notre pays une question de vie ou de mort.

On n'a pas besoin de remonter aux dîmes, aux tailles et aux corvées pour concevoir quelle charge la monarchie doit être pour une nation. De tout temps il a fallu des sommes énormes pour suffire aux dépenses des gouvernements et des gouvernants ; et, je n'ai jamais ouï dire, je crois, d'aucun homme qui eût été au pouvoir, si ce n'est d'Aristide et de quelqu'autre peut-être, « qu'il mourut pauvre! » Il le faut ainsi, sans doute.

Mais énumérez, si vous le pouvez, tous les impôts écrasants que le fisc a dû prélever sur la nation pour payer les caprices et les aventures de la royauté ! Comptez seulement ce qu'ont dû coûter à la France le glorieux prestige et la grandeur factice de Louis XIV, ce roi si généreux, dit-on, le protecteur des lettres et des sciences ! Comptez ce qu'ont dû coûter à nos pères les Maintenon, les Châtillon brillantes, les Montbazon, les Bouillon, les Nemours, toutes ces illustres amies du grand roi ! Comptez enfin quelles sommes ont dû dévorer les Pompadour et le royal « bien-aimé, » toutes les Du Barry et les Marie-Antoinette, les Louis XV et les Napoléon qui se sont succédés sur le trône de la France ! Le calcul serait trop long : « Millions ! millions ! châteaux ! liste civile ! » etc.. etc. — Mais, qui donc a payé ? — Tes sueurs, ô peuple !

Mazarin l'avait dit : « Le peuple chante, il payera ! » Et on frappait des impôts, toujours des impôts, que le peuple payait, en effet, assez volontiers pour subvenir à des dépenses qu'il n'avait pas faites ! Et les Fouquet, et les Colbert, et les Law, et tant d'autres sont venus tour-à-tour se chargeant, Dieu merci, de nous montrer « comment on travaille un royaume en finances..... »

Prenons garde cependant, le peuple s'est lassé plus d'une fois, et son chant n'est pas toujours un hymne de joie et de contentement ! Monarchistes, ne l'oubliez pas, il chantait aussi quant il renversait les trônes, se débarrassait des rois, brisait les sceptres et les couronnes ; et, naguère, c'était encore en chantant que, malheureusement sans doute, les parisiens furieux allaient aux remparts, marchaient au combat, volaient à la mort.....

Bref, veut-on une monarchie ? Il faut la payer..... Payer d'abord avec des millions et des millions l'honneur d'avoir un porte-couronne qui pourra nous conduire royalement à l'abîme à travers peut-être, un chemin couvert de roses..., et qui, dans son orgueil et dans son faste nous dira, à nous, ses humbles sujets : « l'Etat, c'est moi ! »

Mais le roi n'est pas seul ; et avec son avénement au trône, c'est toute une famille, toute une cour, toute une parentée et arrière-parentée, ce sont des cousins et arrière-cousins, de nombreux corps constitués, etc., etc., que l'on voit arriver au pouvoir, et qu'il faut inscrire au budget pour une somme qui s'élève encore à des millions et à des millions..... Il y a, en outre, les fonds secrets et toutes ces sommes destinées à ce que l'on appelle les munificences, les largesses royales ou impériales..... et la France a besoin d'économiser.....

Veut-on au contraire une République ? Elle n'amène avec elle ni roi ni empereur ; elle est seule avec son président qu'il faut payer sans doute ; mais ce n'est plus avec des millions et des millions : quelques mille francs de plus qu'à un autre de ses employés, parce qu'il est le premier et c'est tout !

Elle est seule, dis-je, sans neveux ni arrière-neveux, sans cousins ni arrière-cousins.

Elle a, il est vrai, comme la monarchie des employés et des représentants : encore sont-ils moins nombreux et ne garde-t-elle que les utiles! ses budgets indispensables subissent eux-mêmes une importante diminution... car alors disparaissent les cumuls scandaleux et les gros traitements, les inutilités galonnées et chamarrées d'or, les chambellans et les écuyers, les camériers et les caméristes, les femmes d'honneur et de déshonneur, femmes de salon, de boudoir et d'alcôve, les petits-soupers et les repas royaux ; alors sont abolies les pensions accordées aux veuves illustres et plusieurs fois millionnaires ; alors enfin disparaissent tous ces employés inutiles et ses favoris , toute cette nuée d'affamés et d'engraissés, budgétivores insatiables, cortége inséparable de la monarchie. Et maintenant si, ajoutant à cela tant d'autres dépenses dans mille circonstances diverses, tant de sommes soustraites ou employées inutilement, nous additionnions, n'aurions-nous pas peut-être des milliards pour résultat? C'est déjà une immense économie réalisée...

Grâce à un puissant contrôle qui est de l'essence et de la nature même de tout bon gouvernement républicain, les dilapidations du trésor public ne sont plus possibles, aucune somme ne peut être détournée, et on arrive ainsi à mettre dans les finances un ordre relativement parfait... Enfin, les charges de l'Etat diminuant, les impôts doivent diminuer aussi, quand toutefois le pays n'a plus à payer ces lourds tributs qui trop souvent ruinent et écrasent les peuples !...

La République, c'est donc le gouvernement à *bon marché*, c'est l'économie et, je le répète, la France a plus que jamais besoin d'économiser, ou, comme on l'a si bien dit : « La France n'est plus assez riche pour payer la monarchie..... »

. . . .

Je dis enfin que la République, c'est la liberté. — Il est bien entendu que je veux parler, non de cette liberté qui est la licence, le désordre, et qui dès lors ne tarde pas à se changer en un affreux despotisme, mais bien de cette liberté sœur de la justice, condition essentielle du progrès des peuples et qu'un grand esprit, Montesquieu, a si bien définie quand il a dit, supposant, sans doute, une juste et bonne législation : « La liberté, c'est le droit de faire ce que permettent les lois ! » De bonnes lois, ne sont-elles pas, en effet, le salut des peuples ; *in legibus salus* ?.....

Or, comment sous une monarchie pourrait-on jouir de ce droit imprescriptible, qui est le nôtre, droit de tout peuple civilisé, droit enfin que nous devons à la République, seule gardienne de la justice et de la liberté ?

Les rois et les empereurs se mettent au-dessus des lois, les violent suivant leurs caprices, ou au moins les changent dès quelles peuvent les gêner ; tandis que sous la République, tous obéissent à la loi, rien d'illégal ne saurait être permis, et on ne peut rien faire qui ne soit conforme à la constitution ! les rois et les empereurs donc ne peuvent être que les ennemis de cette liberté...

Au reste, voici ce que disait une femme, illustre dans son genre et qui certainement devait connaître les rois : « La liberté, écrivait la Pompadour au comte d'Argenson, est une viande particulière qui ne convient pas à tous les estomacs... » Certes, je ne sais si du temps de Louis XV les tempéraments étaient trop faibles pour que « cette viande particulière » ne put leur convenir, mais ce que je sais, c'est qu'aujourd'hui la constitution de l'homme s'est tellement fortifiée qu'il ne peut se passer de cette viande, et que si on la lui refusait il serait peut-être assez fort pour aller la prendre... Il n'en est pas moins vrai que c'est là la manière de voir encore du parti monarchique, et que nul n'a mieux exprimé sa pensée que cette femme qui exerça sur la cour une si funeste influence : les grands jugent la liberté chose si bonne pour eux, qu'ils la jugent plus mauvaise pour les autres, moins fortunés qu'eux !...

Voyez d'ailleurs avec quel insolent orgueil la digne amie de Louis XV ajoute : « Quand le roi envoie un vaisseau en Chine, s'embarrasse-t-il si les *souris* sont à leur aise !..... »

Cette parole n'est-elle pas, à elle seule, la révélation de tout un système ? — Non, ni monarque ni monarchistes ne veulent de la liberté pour le peuple... Qu'on ne dise donc plus que sous une monarchie on peut être aussi libre que sous une République ! Car c'est là une grossière erreur que l'histoire condamne ; et, comme le dit d'ailleurs, un homme éminent, Lamennais : « d'esclave l'homme de crime peut devenir tyran, mais jamais il ne devient libre. »

En faut-il encore une preuve ? Eh bien, vous en trouverez une assez éloquente, je crois, dans ce replâtrage ou simulacre de liberté dont le ministère des *honnêtes gens* avait essayé de galvaniser le cadavre de l'empire. Pour moi, je n'en veux pas d'autre exemple et je m'en tiens au témoignage d'un ancien illustre, Tacite, qui disait : « Les mauvais princes ne veulent d'aucune liberté ; les meilleurs n'en veulent qu'un peu. »

Ce *peu* n'est-il pas assez significatif, et où sont ces princes, les meilleurs ? Allez ! Ils n'ont guère changé depuis l'époque du grand annaliste...

Qui nous donnera donc la liberté si ce n'est la République, qu'on ne peut comprendre sans elle.— La liberté est sa nature ! — si ce n'est le gouvernement de tous par tous, ce gouvernement qui ne reconnait d'autre autorité que celle des lois qui lui donnent la force et lui attirent le respect? — La République, c'est donc la liberté, cette liberté qu'il nous faut, et qu'on ne saurait nous ravir, sans nous enlever en même temps un droit et un puissant moyen de réorganisation, de progrès, sans nous enlever à la fois une chose aussi nécessaire à la société qu'à l'individu et au bien dont Dieu lui-même a gratifié l'homme à son berceau...

Voilà pourquoi je plains à l'égal d'un condamné à mort la nation privée de toutes ses libertés! Qu'il me soit donc permis de m'écrier avec un vieillard d'autrefois, le chancelier de l'Hôpital qui avait compris toutes ces choses bien avant moi : « Perdre la liberté, ô bon Dieu! Que nous reste-t-il donc à perdre après cela?... »

De tout ce que j'ai dit, on peut conclure anisi, je crois : avec la République, c'est l'union et la paix intérieure ; c'est l'économie avec le contrôle ; c'est la liberté avec l'ordre. Avec la monarchie, c'est la division, et peut-être l'anarchie ; ce sont les folles dépenses et les charges onéreuses ; c'est, sinon le despotisme, au moins la domination monarchique ou le césarisme... Avec celle-ci, je ne sais si c'est la mort; mais, avec celle-là, c'est, à coup sûr, la résurrection, la vie!...

Paris, 2 septembre 1871.

V

Le 4 septembre ! ! !

Comment ne pas s'arrêter à cet anniversaire qui nous dit à la fois de si grandes et de si tristes choses ? Comment ne pas saluer ce jour à jamais mémorable qui m'a toujours apparu comme l'aurore d'une France nouvelle, d'une France régénérée, puissante, libre...?

Les Romains avaient des mots particuliers pour dire les événements heureux ou malheureux : ils avaient des jours *fastes* et des jours *néfastes*. La France, certes, a connu ces jours qu'elle a vus se succéder avec une effroyable rapidité, mais, le 4 septembre a été pour elle un jour à la fois faste et néfaste, heureux et malheureux en même temps..... Jour malheureux ! car, l'armée française, cette vaillante armée autrefois invincible et qui vingt fois peut-être avait vaincu les ennemis qui la poursuivaient en ce moment, l'armée française subissait un nouvel et lamentable échec ! Rien d'étonnant, sans doute, elle n'était plus conduite par des lions, encore moins peut-être par des patriotes.....

Jour malheureux ! car cette défaite ou plutôt cette capitulation honteuse de 80,000 héros qui ne pouvaient y croire encore alors que déjà elle était consentie et signée par un lâche qu'on n'appellera plus que « l'homme de Sedan, » cette capitulation non seulement livrait à l'envahisseur une armée, une place, et un immense matériel de guerre, mais encore lui ouvrait la France entière, sans gouvernement, rançonnée, presque sans ressource.

Ah ! si la colère patriotique qui monta au cœur de la nation avait pu suffire contre un ennemi victorieux, puissant, et déjà maître d'une partie du territoire, certainement les barbares n'eussent pas si longtemps souillé le sol sacré de la patrie ! mais, la nation du 4 septembre a été comme vous, soldats, que cette capitulation a envoyés si loin manger le pain noir de la captivité : elle a été trahie..... au moins par la fortune !... Disons-le donc pour notre honneur militaire : soldats français, enfants du peuple, illustres combattants de Reischoffen et de Gravelotte, et vous soldats de la Loire et de Paris assiégé, vous n'êtes pas des vaincus, vous êtes des soldats malheureux !...

Mais laissons-là nos malheurs : nos plaies vont être cicatrisées ! comme une pauvre fleur exposée aux ardeurs d'un soleil brûlant semble renaître et prendre un nouvel éclat quand vient la rosée bienfaisante de la nuit ; ainsi la France, sous l'influence de la République, née le soir d'un grand désastre, renaît enfin à la vie nationale.....

Ce soir, c'est encore le 4 septembre !

Jour heureux ! car s'il a été le commencement d'une suite de malheurs, peut-être inévitables, il a été aussi l'aurore d'une résurrection glorieuse..... Jour de mort et jour de vie à la fois, cercueil et berceau aussi, il a vu le trépas ignominieux de l'empire, corps à l'agonie et dont la gangrène menaçait de gagner la nation entière, déjà malade de ce dangereux contact ! Il a vu surtout la chute de l'homme qui avait si malheureusement conduit les destinées de la France...., de cet homme qui, voulant à tout prix s'attirer cette confiance qui, selon un historien, « fait la moitié de la persuasion, » s'était entouré d'un prestige qui déguisait mal sa profonde faiblesse et sa dégradation plus profonde encore..... Et, il faut le dire, ses sbires salariés n'avaient-ils que trop réussi à persuader les ignorants, les faibles, les complaisants..... Ainsi les Néron, les Caligula, les Domitien, vécurent comme des brutes et se firent adorer comme des dieux !

Mais ce jour-là, amère déception, désappointement général! car on put bien répéter avec une amère ironie : « Enfin, le sage Ulysse a quitté son manteau. »

L'empereur fastueux, entouré de sa puissance, caché sous la pourpre impériale, disparaissait en effet, pour ne laisser voir que l'homme et ses faiblesses..... Où étaient donc alors les héros du plébiscite? Ils frappaient leur poitrine peut-être?... C'était trop tard!!!.....

Ce moment n'en fut pas moins le moment de salut : le cercueil de l'empire venait d'être à jamais scellé, et un soleil plus radieux se levait à l'horizon pour éclairer la nouvelle France à son berceau! Sans cette circonstance, heureuse et malheureuse à la fois, non, il ne nous eût pas été donné de saluer ce soleil, de sceller et de maudire ce cercueil, de nous baisser vers ce berceau.....

Hélas! il devait, ce berceau, flotter quelque temps sur une mer orageuse; mais il devait aussi triompher des flots soulevés, car c'était le berceau de la liberté, et, comme l'a dit fort bien M. de Tocqueville, je crois : « La liberté ne s'établit guère, et bien qu'à travers les orages et les tempêtes. »

Ne fallait-il pas d'ailleurs des épreuves pour secouer l'apathie morale dans laquelle nous vivions? La France, avilie par dix-huit ans de despotisme, se trainant mal au milieu de toutes ses prospérités matérielles, la France devait être régénérée pour être digne du bien qui lui était destiné ! Et, il n'y a pas de meilleur moyen de régénération, que le malheur ; car, il est aussi « l'arôme qui empêche la liberté humaine de se corrompre, » selon le mot récent d'un homme d'esprit.

Salut donc ô jour de notre résurrection ! salut à toi qui nous apportas l'espérance et qui nous appris en qui nous devions désormais mettre notre confiance ! Salut encore une fois, ô jour fécond en enseignements que je veux recueillir, salut !

Michelet nous parle quelque part d'un « génie qui, selon le récit de la sagesse du vieil Orient, fut enfermé dans un vase de bronze, étroit et scellé. Après trois siècles de captivité, le génie jura que si jamais il sortait, il sortirait comme une flamme et qu'il dévorerait tout... »

N'est-ce pas là notre histoire ? Il y a dix-huit ans, la liberté, ce puissant génie de la France, fut enchaînée et condamnée par son bourreau à gémir éternellement dans les fers..... Mais, elle aussi jura que le jour où elle pourrait briser ses chaînes, elle sortirait comme une flamme qui ne dévorerait cependant pas tout, mais seulement l'oppresseur !...

Ce jour est enfin venu : la liberté a tenu parole..... et, certes, nous pouvons bien nous écrier aussi : « Qui étiez-vous donc pour croire que vous alliez sceller le vase, pour vous imaginer que vous tiendriez là le vivant génie de la France ? » — Nous le dirons.....

En attendant recueillons les enseignements de ce jour de délivrance ! car le peuple, qui languissait dans les ténèbres, a vu ce jour-là une grande lumière..., une lumière qui lui montrant le passé, doit éclairer l'avenir. — Qu'il regarde maintenant où l'a conduit le gouvernement d'un seul, de cet homme qui a si ignoblement abusé de sa trop grande puissance ! Car, si pour contrôler cette omnipotence au lieu d'hommes serviles qu'il se laissait imposer, le peuple eût envoyé des hommes forts et indépendants, nous ne subirions pas aujourd'hui les conséquences d'un régime aussi désastreux.....

Puisse-t-il donc ne jamais plus donner si aveuglément sa confiance et ne déposer dans des mains si indignes, surtout dans les mains d'un *seul*, je le répète, la toute puissance ! car, si les sept millions de suffrages du mois de mai 1870 n'avaient pas confirmé un pouvoir exorbitant, ce droit de faire la paix ou la guerre, à l'homme de Décembre, nous n'aurions pas très probablement à subir la honte et les inconvénients de l'occupation ennemie.....

Puissent nos gouvernants, instruits par un aussi triste exemple, ne jamais oublier qu'il « est maudit celui qui, par ruse ou par violence, ravit la liberté à son pays, comme celui qui verse injustement le sang de son frère !... »

Puissions-nous tous enfin, éclairés par la lumière que ce jour fait briller à nos yeux, ne jamais « souffrir, comme le dit Lamennais, qu'on porte atteinte à la seule souveraineté, celle du peuple,»... ne jamais surtout « nous courber devant un maître, car c'est trahir la sainte cause du droit et de l'humanité, c'est renier le nom même de la patrie ! L'étable où mangent et dorment les bêtes de service n'est pas une patrie... »

4 septembre 1871.

VI

Impossible de parler de Sedan et du 4 septembre sans parler du triste héros qui est allé ce jour-là finir si misérablement son règne dans les murs de cette malheureuse cité ! Je veux donc *encore une fois* jeter un regard sur cette figure sinistre, mais, ce *sera la dernière...*

Il m'en a, d'ailleurs, lui-même fourni l'occasion. N'est-ce pas, si j'ai bonne mémoire, à pareil jour, peut-être, et au moment de rendre son épée au nouvel Attila, que, cherchant sans doute dans l'histoire un autre héros de sa façon, il s'arrêta devant la figure du plus ignoble des empereurs romains. Néron.

Il avait reconnu son image..., — cette fois il avait vu juste ! — et il se comparait alors à lui !...

Les traits de ressemblance, les rapports communs qui existent entre ces deux hommes sont, en effet, si nombreux, qu'on ne peut qu'en être saisi et que je ne puis m'empêcher de les signaler à l'attention publique.

Au reste, n'est-il pas toujours éminemment utile de recueillir les leçons de l'histoire qui offre parfois des retours incroyables et des analogies bien dignes de notre méditation ?

On a eu raison de le dire : « En politique, ce sont les morts qui reviennent ! » Puisse celui-ci, cependant, ne jamais revenir !...

Le crime inaugura le règne du premier Néron. Sa mère Agrippine, aux intrigues de laquelle il dût de monter sur le trône au détriment de Britannicus, fut, après ce dernier, la première victime immolée à la fureur de ce sanguinaire empereur. Il la fit tuer parce qu'il la redoutait...

Le crime devait inaugurer le règne du second Néron ! Et, celui-ci, c'est une mère assurément plus digne qu'Agrippine du respect et de l'amour de ses enfants qu'il trahît et qu'il aurait certainement tuée si elle n'avait porté dans son sein les germes féconds de l'immortalité ! La République lui avait ouvert le chemin du pouvoir, et c'est la République qu'il voulut tuer parce que son ambition la redoutait.

Le César romain, assassin d'Agrippine et de Britannicus, régna à Rome ! — Le César français, assassin du 2 Décembre, régna à Paris !...

Ne semble-t-il pas que déjà, lui aussi ait entendu à travers les siècles cette parole qu'Agrippine répétait à Néron : « Pas de philosophie, mon fils, cela ne vaut rien pour un empereur !... »

Mais, se demanda-t-on, comment a-t-il pu rester si longtemps debout un empire ainsi né dans le sang et qui devait s'effondrer dans la boue après être passé à travers toutes les hontes et vécu au milieu de toutes les ignominies ?

Le voici : A Rome, la célèbre Locuste fut longtemps un moyen de gouvernement ; aussi l'empereur fonda-t-il une école d'empoisonnement où les élèves allaient apprendre les secrets de la trop fameuse empoisonneuse. — En France, le moyen de gouvernement ce fut Piétri, ce maître en fait d'astuce, qui, certes, ne manqua pas d'élèves... et, si la hache du licteur, les javelines des cohortes prétoriennes furent la sauvegarde du premier Néron, le casse-tête de la police, les baïonnettes de nos soldats, voilà la sauvegarde du second... Et, pour ne le céder en rien au premier, il eut aussi pour soutenir « sa colossale personnalité, et ses électeurs en cuirasse et en bottes d'acier, et ses espions, et ses délateurs et ses courtisans-valets. »

L'empereur romain qui n'a régné que quatorze

ans avait distribué à ses *amis* 560 millions de fr., en récompense des services rendus à son omnipotence et peut-être encore pour les attentats imaginaires qu'ils avaient préparés. — Qui nous dira quelles sommes ont été consacrées aux largesses de celui qui a régné dix-huit ans sur notre malheureuse France ?...

Ce n'est pas assez ! Il lui faut une garantie contre les efforts de la liberté opprimée afin qu'elle ne puisse jamais briser ses chaînes, et alors, il a recours aux vieux moyens tant connus de l'empire romain : il a recours aux proscriptions, à l'exil, à l'emprisonnement, menaces perpétuelles qu'il tint suspendues, comme l'épée de Damoclès, sur la tête de ses sujets asservis.

Ainsi régna le César moderne, de la même façon que l'ancien : Tant il est vrai de dire avec un contemporain « que tous les tyrans ont bien un caractère commun. »

Encore, si pour corriger les inspirations de son orgueil, modérer les ardeurs d'une trop grande puissance, on l'avait vu s'entourer d'un Sénèque ou d'un Burrhus, ces sages conseillers trop rarement écoutés ! Mais, non ; à leur place nous trouvons les Saint-Arnaud et les Morny, qui, le pistolet au poing, paraît-il, lui faisaient poser sa signature au bas de décrets que, par peur ou par un reste de pudeur, ils n'auraient peut-être pas signés ; nous trouvons, dis-je, les B..., les R..., les F... et tant d'autres enfin de ces hommes qui nous rappellent si bien les Epaphrodites et les Tigellins...

A l'instar, sans doute, « du gamin Déifié » qui avait la manie de se croire à la fois poète (il composait ses poèmes des hemistiches réunis que lui apportait chacun des beaux esprits du temps), orateur, philosophe, sculpteur, joueur de lyre, comédien, cocher, — le nouveau Néron voulut aussi avoir toutes les gloires sans peut-être non plus en mériter aucune. Orateur, il lisait ses discours, sans probablement en être jamais l'auteur; écrivain, historien, il composa des ouvrages scientifiques, littéraires, historiques avec le concours des Duruy et de bien d'autres complaisants largement récompensés; diplomate, il ne sut jamais que vexer ses voisins et rendre au moins bien difficiles les relations de la France avec les autres Etats... D'ailleurs, comme le premier, capable de jouer tous les rôles et « d'homme et de Dieu, » il se posa souvent en arbitre suprême des destinées des peuples, et il ne fallût rien moins que la campagne d'Italie et la malheureuse guerre avec la Prusse pour qu'il pût bien se persuader qu'il était loin d'être un héros, et pour qu'il ne se présentât pas comme tel à la France et à l'Europe qui ne crurent jamais ni à son héroïsme ni à sa valeur.

Du moins, dira-t-on peut-être, le nouveau Néron

ne persécuta point les chrétiens ; bien mieux, il les favorisa. — C'est possible ; et cependant au dire des politiques, c'est lui qui a habilement préparé la chûte du trône pontifical ! car, dit-on, s'il envoya des soldats pour protéger le patrimoine de la papauté, il se servit contre elle de la politique, arme souvent plus dangereuse que l'épée..... Au reste, si le premier, contemplant avec bonheur le spectacle d'une ville en flammes et chantant tandis que Rome brûlait, eût le courage d'accuser les chrétiens de l'incendie qu'il avait lui-même allumé...; — n'a-t-on pas vu le second assister impassible aux ruines de la patrie, la contempler fumer, brûler du fond de ce château que son vainqueur lui donna comme une douce retraite dans son malheur, — le misérable ! — et, lui qui avait préparé, allumé les torches qui devaient propager la flamme, ne l'a-t-on pas entendu accuser aussi les républicains, et les rendre responsables des malheurs que lui et sa bande avaient préparés et qui ont si lourdement pesé sur notre malheureux pays.

Je passe maintenant sous silence bien d'autres rapports plus frappants encore ; car, n'aimant pas à piétiner dans la boue, noire et infecte, je préfère me taire que d'avoir à flétrir toutes les sales intrigues des Messalines, des Octavies, des Actées et des Poppées modernes ! Qu'il me suffise de dire toutefois que les orgies du voluptueux Néron, et les saturnales romaines ont été avantageusement remplacées par les bals des Tuileries, les soirées de Compiègne et de Saint-Cloud, pour ne point parler de la saison des eaux à Biarritz, où l'astucieux ministre prussien vint surprendre César au milieu des plaisirs pour se jouer de lui comme d'un enfant, afin que, sans doute, l'histoire put encore dire de lui comme du César romain : « ce ne fut qu'un gamin couronné ! »

Malgré les crimes et les turpitudes de l'ignoble Néron, « cet amateur de l'incroyable, » comme l'appelle Tacite, il se trouva à Rome un Sénat assez servile pour lui « décerner des autels comme s'étant élevé au-dessus de toute grandeur humaine. » — Hélas ! qui ne connaît la servilité de notre Sénat? Qui ne connaît ses complaisances bien marquées, son adulation pour l'empereur qu'il servait si fidèlement ? Je me demande ce qu'il pense aujourd'hui de son ancien maître.....

Encore un mot : « De même qu'un boucher à Constantinople, dit un historien contemporain, devenait grand vizir parce qu'il avait plu au Sultan; de même à Rome on vit l'ennuque Prosidès et l'infâme Doryphore devenir un grand homme parce que le regard céleste de Néron s'était abaissé sur eux ! » Eh, que n'avons-nous pas vu dans cette cour où les parvenus, ennuques sans pudeur, avaient remplacé les anciens affranchis ? Pourrions-nous surtout oublier ces hommes incapables qui ont si puissamment contribué à nos malheurs, ces hommes devenus de grands généraux par la seule grâce du favoritisme impérial ?...

Enfin, dit Suetone, « après l'avoir souffert quatorze ans, le monde le quitta, » et Néron n'a plus qu'à s'écrier « qu'il lui arrive ce qui n'était arrivé à nul autre prince avant lui ; » il perd son empire avant de mourir.....

N'est-ce pas là aussi le dernier mot de l'histoire de « l'homme de Sedan » qui, abandonné par son peuple, n'a pas le courage de mourir avant de rendre son épée, dernière marque d'une puissance qui n'est plus...?

On raconte que le philosophe Apollonius alla d'Asie à Rome pour voir Néron et apprendre « quelle sorte de bête, c'était qu'un tyran ! » — Ne croyez-vous pas que si le philosophe eut vécu à notre époque, il ne se fut empressé de prendre le chemin de Withelmshiehe ? il y aurait vu Néron dépassé !...

J'ai fini, car je ne veux pas rechercher ici ce que doivent être les sociétés sous de tels maîtres ; mais on ne peut comprendre ce que les nations peuvent donc avoir tant fait à Dieu pour qu'il permette ou tolère qu'elles laissent ainsi leurs destinées entre les mains de tels hommes dont la seule existence « est la plus grande faute, » au dire de M. Thiers...

La France subit aujourd'hui les conséquences des fautes d'un de ces hommes, qui l'avait endormie dans une funeste somnolence, et elle a roulé dans l'abîme qu'on avait pris soin de cacher sous les fleurs d'une apparente prospérité..... La France cependant n'a pas péri, car Dieu est toujours avec les peuples qu'il éprouve, parce qu'ils doivent sortir de la lutte transformés et régénérés..... Qu'il me soit donc permis de répéter en finissant le mot de l'espérance par lequel, un homme inspiré, terminait son hymne à un peuple agonisant, l'infortunée Pologne : « confiance, ô France bien-aimée, courage et confiance ; dans ce qu'ils ont appelé ta tombe, moi je dis que c'est ton berceau !...

6 septembre 1871.

VII

Je disais hier : confiance ! car, comme je l'ai montré en m'inspirant des idées qui ont cours ici et partout, la République, c'est-à-dire le gouvernement de l'union, de l'économie, de la liberté....., c'est la résurrection de la France !... Or, cette République, née le 4 septembre et venant d'être revêtue d'une sorte de légalité par la nomination de son président, me semble ainsi prendre de nouvelles racines dans le pays. C'est d'ailleurs, croyons-le, un triomphe pour elle et une garantie, une force de plus contre les intrigues monarchiques.....

Est-elle pour cela assurée à jamais ? Je l'ignore et je l'espère ; mais qu'il me soit permis de dire sur quelle force il me semble qu'elle doit surtout s'appuyer, si elle veut durer, quelle doit être, pour ainsi parler, sa première œuvre.

Je visitais un de ces jours le musée du Louvre. Tandis que j'admirais quelque admirable peinture, chef-d'œuvre de l'art ou de l'artiste, un ami qui était avec moi me frappa *subito* sur l'épaule et me dit : « Regarde donc..... remarque ce tableau ! Il me frappe !... » C'était la justice représentée sous la figure d'une femme et tenant dans sa main le Code, sans doute, sur le dos duquel on lisait ces mots : « *In legibus salus !* »

— Oui, voilà bien, s'écria-t-il, la vérité et le mot du moment ! Voilà ce qui fait qu'on peut si facilement se passer de rois, de reines et de roitelets.

— C'est vrai, répondis-je ; de bonnes lois, de bonnes institutions, beaucoup plus que les porte-couronnes, font le bonheur des peuples, assurent sa prospérité et son salut....., de bonnes lois, de sages institutions feront aujourd'hui la force de la République et assureront son existence.....

— Mais remarque ce rapprochement : la justice et les lois ! comme si elles étaient toujours l'expression ou l'œuvre de la justice.....

— Hélas, non ! les lois ne sont pas toujours justes, et voilà pourquoi nous n'avons plus pour elles ce respect, si nécessaire et si efficace, ce respect qui existe encore cependant aux États-Unis..... Là, tandis que la sanction morale suffit la plupart du temps à des citoyens libres et instruits de leurs devoirs comme de leurs droits. En France, le respect pour la loi est à peu près nul, et très probablement serait-elle même ouvertement violée si on ne redoutait la sanction matérielle et répressive qu'entraîne l'infraction ou la violation.....

Ah ! que nous sommes loin des temps de Lycurgue et de Solon ! Quand le premier eût donné sa législation à Sparte, il se retira pour habituer le peuple à obéir à la loi ; quand le second eut établi sa constitution à Athènes, il s'éloigna aussi pour laisser fonctionner la loi..... et vous savez qu'on a pu dire des Athéniens : « Ils ne connaissent d'autres fêtes que d'avoir fait leur devoir ! »

Qu'un législateur quelconque essaie donc de nous donner une constitution et qu'il se retire ensuite pour nous laisser librement respecter la loi ! Vous verrez qu'il sera à peine parti, que la loi sera déjà lettre morte et que nous la violerons à la première occasion, si toutefois nous ne voyons luire en ce moment, non loin de nous, l'épée du sergent de ville ou la baïonnette du soldat.

Nous, nous n'avons pas l'habitude (ou nous l'avons perdue) de la soumission libre et spontanée à la loi, et nous ne savons plus obéir qu'à son représentant armé, comme des enfants mutins qui redoutent la férule du maître..... Ne serait-ce pas parce que nous ne sommes pas assez instruits de nos droits et de nos devoirs ?

Aussi quand en Amérique il suffit de 8,000 hommes de troupes pour garder toute une nation, il faut 13,000 hommes de garde municipale sans compter l'armée et la police pour garder Paris ! Là c'est la force morale qui règne..... et ici c'est la force brutale qui doit régner encore, hélas !...

Singulière différence de deux peuples, amants passionnés de la liberté, qui provient surtout, à mon avis, de la manière dont ils ont été gouvernés !...

D'où viennent donc cet oubli de nos devoirs, ce manque de respect, ce mépris même pour la loi ? A qui la faute, en un mot ?

D'abord à ceux qui, pour régner, ont dû s'appuyer sur la force brutale et nous ont habitués à ne plus respecter qu'elle ! A ceux qui, prenant un empire sur le peuple, lui devaient l'exemple, et étaient les premiers à violer et la loi divine qui condamne la domination, l'esclavage, et la loi humaine qui règle les droits et les devoirs de la société !...

Voulez-vous savoir comment faisaient autrefois les patriciens et après eux les *grands* de toutes les époques ? Lamennais vous le dit : « les patriciens ou violaient ouvertement la loi ou ils l'éludaient, et ces violations et les fraudes demeuraient impunies parce que seuls ils étaient chargés de l'exécution de la loi, qu'ils s'étaient réservés le monopole des emplois publics et tous les pouvoirs réels de l'Etat. En outre, ils ruinaient l'homme du peuple par des usures énormes, etc., etc. »

Ainsi se pratiquaient les choses sous tous les gouvernements monarchiques ! Et ce peuple, lui, se serait seul résolu à respecter spontanément la loi ?...

D'ailleurs, des lois aussi injustes, qui n'obligent pas en conscience, dit-on, commanderaient-elles le respect ?

Le législateur divin avait dit : « Vous n'aurez d'autre maître que moi ! » Et là-dessus des hommes sont venus, nous disant : « nous sommes vos maîtres. »

Et ils ont régné, employant la force quand la parole ne suffisait pas pour asservir les peuples ;

Et ils ont frappé des lois injustes qui n'atteignaient que le peuple, des lois faites au profit de leur convoitise et de leurs intérêts ;

Et ils ont dominé ces dominateurs superbes !....

On a vécu pendant des siècles sous ce régime d'injustice et de despotisme, jusqu'à ce que le moment est venu où le peuple, dans une légitime colère, a renversé les dominateurs, brisé leurs lois, remis tout à sa place...

Plusieurs fois revenus, ils ont été aussitôt renversés ; et, nous sommes arrivés ainsi à ce jour malheureux où cet aventurier s'abritant sous un drapeau qui n'était pas le sien et qu'il devait trahir, vint nous asservir à son tour.....

Comment ce régime de coups d'Etat, d'aventures, de police secrète, cette politique de sycophante, auraient-ils rappelé le peuple au respect de la loi ? Et, que pouvaient-elles mériter sinon le mépris, ces lois votées par une Chambre servile et faites pour soutenir un trône chancelant, vermoulu, craquant de toute part !...

Jour de Dieu ! le peuple aurait donc dû obéir à des lois aussi injustes et qui n'étaient pas faites pour lui ? Non, une nation ne doit obéir qu'à la justice ! Et, à cette école elle n'a pu apprendre que le mépris pour tout ce qui est sacré ; elle s'est habituée à ne plus voir que les hommes et à oublier les principes.....

Confiance ! le 4 septembre est venu nous remettre dans la loi ! A mesure que nos institutions revêteront ce caractère de justice qui leur manque, le peuple s'habituera au respect, il obéira à la loi ! car, il comprendra alors la portée de cette maxime : « *In legibus salus* ! »

Mais, prenez garde : ce sont de justes et bonnes lois qu'il faut ! Songez que c'est une seule loi qui peut-être a perdu la République de 1848 !.....

Un contemporain a dit : « Là seulement où il

n'y a pas de liberté, il n'y a pas de consolation ! » J'ajoute que là aussi seulement il n'y a pas de respect profond et véritable pour la loi... La République nous a ramené la liberté, et il ne lui reste plus qu'à nous donner de bonnes institutions qui nous commandent le respect sinon l'admiration ! La tâche est facile si on veut !...

Ne l'oublions donc pas ! Ne l'oubliez pas, vous surtout, monarchistes, partisans du militarisme à outrance : *in legibus salus !...* Oui, le salut est là ! A condition toutefois que vous bannirez l'arbitraire et le caprice pour rétablir l'empire de la justice, comme la République a chassé le despote pour nous ramener la liberté !

8 septembre 1871.

VIII

Pourquoi tant de gens à Paris et en province n'aiment-ils pas la religion ? — Par indifférence sans doute ; mais, beaucoup parce qu'ils la jugent d'après certains de ses prêtres...

Pourquoi encore tant de gens en France n'aiment-ils pas la République ? — Parce qu'ils la jugent d'après certains républicains...

Oui, c'est vrai, les faux, les mauvais républicains, tristes représentants des grands principes démocratiques, font autant de mal à la République, que font de mal à la religion les mauvais prêtres, falsificateurs de la loi, indignes ministres du Christ, qu'ont fait de mal à la royauté ces monarchistes plus royalistes que le roi lui-même.

Ah ! quand donc cessera-t-on de regarder les

hommes pour s'attacher aux principes ? Car, qu'ils soient monarchistes, cléricaux, impérialistes ou républicains, les hommes ne sont jamais que des hommes...

A notre époque on a exploité d'une façon singulière cette tendance qu'ont toujours les faibles et les ignorants à assimiler les hommes aux principes! Aussi, après avoir parlé de la République, et pour démasquer cette abominable tactique de l'ambition déguisée, de la convoitise hypocrite, il n'est pas inutile, je crois, de parler des républicains.

On distingue depuis déjà longtemps, en France, deux sortes de républicains : les républicains de la *veille* et les républicains du *lendemain*.

Quels sont les bons? — Sans doute, ceux de la *veille* sont les purs ; mais, il me semble qu'il peut y en avoir de bons dans les deux catégories.

Parmi les républicains de la *veille*, je distingue d'abord ceux que l'on pourrait appeler les *radicalement radicaux !* Ce sont ceux dont les partis monarchiques parlent toujours aux simples et aux timides pour les effrayer ; et, voici à peu près le portrait qu'ils en font...

Voyez-vous cet individu à la figure sinistre, à l'œil farouche, à la tête échevelée, assez mal vêtu, gesticulant et pérorant le jour en plein vent et la nuit au club? On l'appelle, si vous voulez, Budaille : c'est un républicain!!!

Il parle beaucoup de liberté, d'égalité, de misère et de fortune, de travail et d'oisiveté ; il gémit sur la condition de l'ouvrier et invective de la voix et du geste les grands et les heureux du monde ! Eh bien, c'est un communiste, un socialiste, un *rouge* qui en veut à la propriété, à vos biens, etc.

Oh ! comme il parle, crie, s'anime, s'emporte ! quel long discours n'a-t-il pas fait ? Pauvre tribun ! il s'est tant fatigué, pour ne rien dire.....

Singulier homme ! il veut toujours ses raisons bonnes ; il ne trouve rien de bien de ce qui existe et trouve parfait ce qu'il rêve ; il critique à tort et à travers les actes des gouvernants — seraient-ils républicains ; — il veut tout démolir sans s'apercevoir qu'il se démolit lui-même ! car, le public a déjà plusieurs fois crié : assez ! assez !

Mais ce n'est rien encore. Laissez-lui usurper le pouvoir et vous verrez avec quel despotisme il gouverne... Lui, qui ne reconnaissait que la souveraineté du peuple, commence à croire à la sienne : ses désirs sont des ordres, ses paroles des décrets ! substituant à son gré sa volonté à celle du peuple, ne le contredites pas ; il serait capable de vous répondre : « le peuple, c'est moi ! »

Sous prétexte de liberté, il enferme ceux qui ne pensent pas comme lui, ou les envoie tout simplement à la mort, même après avoir fait solennellement brûler l'échauffaud ! Infatigable égalitaire, il veut tout niveler, et montagnes et plaines... des singes faire des lions... Pour mieux réussir, il fait des barricades! mais, en singe prudent il monte sur l'arbre ou s'enfuit, quand le lion arrive...

Oh! l'austère patriote! contagion du pouvoir sans doute: ce n'était plus qu'un despote, un satrape, un sultan qui ne se privait de rien, je vous l'assure, pas même d'un sérail!...

Eh, c'est un républicain? dites-vous. Allons donc: ce n'est qu'un tapageur, un libérâtre peut-être... ne cherchez pas trop; car vous pourriez trouver que ce républicain-là — la chose est assez ordinaire! — a bien dans son passé quelque antécédent monarchique! Et, si tant est qu'il soit parfaitement pur, sans intérêt à quelque restauration dans l'ombre préparée... allez, ce n'est, tout au plus, qu'un singe de Marat!...

Messieurs les intrigants, vous trompez donc le monde! car, ce n'est pas là certainement le véritable républicain; mais, le voici.

C'est cet homme qui, pour ainsi dire, ayant sucé avec le lait des principes démocratiques, les conserve fidèlement toute sa vie: il est né républicain, il vit et mourra républicain!

Et maintenant examinez-le ce républicain qui doit être l'honnête homme par excellence, homme sans faste ni arrogance, s'il est riche, sans prétention et sans convoitise démesurée, s'il est pauvre, ennemi enfin des priviléges et des faveurs, autant que de l'hypocrisie et du mensonge...

Que veut-il ? La Liberté pour tous et toutes les libertés, la paix, l'ordre, la fraternité, l'égalité des droits ; ne reconnaissant, lui aussi d'autre souveraineté que celle du peuple, il n'admet pas qu'on en suspende un seul instant l'exercice ; en homme d'équité plutôt que d'égalité, qui ne peut pas plus souffrir l'écrasement du pauvre et de l'ouvrier que la domination du riche, il veut que, si celui-ci a pour lui les jouissances et la fortune, il ait aussi ses charges, et que si ceux-là ont les peines et les travaux, ils aient des charges moindres et un salaire qui leur permette de passer quelques moments heureux, et leur ménage, s'ils sont sages, quelques jours de repos et de tranquillité dans leur vieillesse ; il veut enfin le gouvernement de tous par tous, afin « que les petits n'aient pas toujours à pâtir des sottises des grands. »

Ah ! mettez donc au pouvoir cet homme de conviction et de caractère, et je suis sûr qu'il n'en abusera pas ! Il ne reculera jamais devant aucun moyen juste, légal, pacifique, pour faire triompher ou respecter ces principes sauveurs, mais il n'aura recours à la force, à la violence que lorsqu'on l'y contraindra, et qu'elles seront les auxiliaires obligés du droit et de la justice, dont son gouvernement sera la perpétuelle manifestation.

Cet homme, je le crois, n'aura d'autre but que de faire ou d'augmenter toujours la grandeur et la prospérité de son pays ! Car, ne transigeant jamais avec les principes, avant d'agir il se dira toujours à lui-même, comme Périclès prenant sa chlamyde :

Souviens-toi que tu commandes à des hommes libres
[et à des Français !

Le véritable républicain ! le voici encore : c'est Helvidius devant Vespasien.

Un jour l'empereur romain fait appeler le sénateur qu'il redoutait et lui dit :

— Ne viens pas au Sénat.

— Raye-moi de la curie, répond le républicain, mais si tu me laisses sénateur il faut que je vienne au Sénat.

— Viens-y donc, mais n'y parle pas, répond le maître.

— Je me tairai si tu ne me demandes pas de me taire, répond l'homme de caractère.

— Je dois te le demander, ajoute César.

— Si quelque chose me semble bon à dire, je parlerai ! répartit le fier Romain.

— Si tu parles, je te fais mourir ! s'écrie alors le tyran courroucé.

— T'ai-je dit que je fusse immortel ? réplique aussitôt le républicain indigné ; nous jouerons chacun notre rôle : ton rôle est de me tuer, le mien est de mourir sans crainte; ton rôle est de m'exiler, le mien est de partir sans regret.

Vous avez reconnu l'homme du devoir, et, par conséquent, le véritabte républicain ! O monarchistes, ce n'est pas de celui-là que vous vous servirez pour faire du mal à votre noble obligée, la République ! Eh bien ce sont les hommes de cette trempe qui sont seuls ses légitimes représentants.....

Parmi les républicains du *lendemain*, plus nombreux peut-être que ceux de la *veille*, je trouve des *convertis* et des *prudents*.

Les convertis, ce sont ces hommes qui, après avoir subi des influences monarchiques — influences d'éducation, de naissance ou de position — étaient réellement des monarchistes, amis de la fleur de lys la plus *pure* — hélas ! — mais qui un jour se sont retournés, et, d'ailleurs parfaitement désintéressés, ont vu venir la République avec certain plaisirs ! bien mieux, ils se sont dits : il faut que je sois républicain. Pourquoi ? c'est que la République qui a toujours été en principe le meilleur des gouvernements, est aujourd'hui le seul possible.....

Il a vu clair, celui-là ! Honneur à cet homme sérieux et raisonnable, qui, préférant le soleil aux ténèbres, n'a pas voulu, à l'encontre de tant d'autres entêtés, fermer les yeux à la lumière qui l'a éclairé !...

De tels convertis peuvent être, à mon avis, de

bons républicains ! Eh, notre illustre président ne serait-il pas de ce nombre ?

Mais, à coté de ceux-là, il y a les *prudents* ! Je veux parler de ces hommes sans caractère et sans convictions, qui sont toujours du parti qui triomphe : bourbonniens ou orléanistes, impérialistes ou républicains, ils se tournent, comme une girouette, du côté que souffle le vent.

Vous diriez alors que le zèle les embrase ! c'est l'ambition qui les enflamme, la convotise qui les brûle... Pour une place, pour un honneur, pour une vétille souvent ils oublient le lendemain le serment qu'ils ont prêté la veille... Oui, j'en connais de ces hommes qui, pour obtenir un honneur, pour conserver un lambeau d'étoffe, une écharpe se sont dits les plus sincères républicains du monde, alors qu'ils avaient été les plus serviles adulateurs et les plus zélés employés de l'empire...

Ils se disent républicains aujourd'hui, et demain, ils seront légitimistes si Dieudonné vient à monter sur le trône. O honte ! ô honte ! ! !

Comment qualifier de tels hommes ? Je ne sais ; mais, à coup sûr, c'est pour eux qu'on a dit que « si la peste avait des places et des pensions à donner, elle aurait des courtisans. »

Eh ! vous les appelerez républicains? Non, la République ne reconnait pas ces plats-valets...

A cette catégorie peuvent se rattacher les indifférents. Ces hommes-là me rappellent assez ces sénateurs de la vieille Rome, amateurs de viviers, qui trouvaient toujours la République en assez bon état, pourvu qu'ils eussent de beaux barbeaux dans leurs piscines.

Oui, il est des hommes qui, contents de leur sort, vivent tranquillement, et ne demandent qu'une chose : c'est de pouvoir jouir à l'aise de leur fortune... Comme la République fait toujours peur à l'aristocratie de l'argent, à cause de ces diables de principes d'égalité, notre aristo, noble parvenu, a soin de passer pour républicain, afin de tromper, s'il le peut, les égalitaires ! C'est de la prudence exagérée, car la peur n'a qu'un motif parfaitement imaginaire...

Mais il veut vivre tranquille, voilà tout ! Et, c'est sous la figure de ce gros bourgeois, détesté peut-être de tout le pays à cause de son avarice sordide qui se dit probablement républicain, que l'on représente encore la République. Quoi ! ce mauvais citoyen, qui ne tient réellement qu'à une chose : son repos, son bien-être, et qui accepte la République comme il accepterait indifféremment tout gouvernement, c'est-à-dire, par prudence, pour qu'on le laisse tranquille dans sa parfaite indifférence, c'est un républicain, dites-vous ? Impossible ; à Athènes on s'en serait débarrassé, car, la loi de Solon permettait de tuer le citoyen qui restait neutre au milieu des dissensions civiles ! Et, là on ne se débarrassait pas d'un bon républicain.....

Je ne voudrais pas, sans doute, qu'on remit cette loi en vigueur ; mais, dans l'intérêt de la société et de la République, il faudrait, ce me semble, que, « comme les Athéniens du temps du grand législateur, chacun fut mis en demeure de dire à quel camp il appartient, afin que personne ne pût bénéficier des égoïsmes de la neutralité...

De quel camp serez-vous donc désormais ? Vous êtes libres de choisir ; mais, si vous voulez me croire, vous serez tous des républicains sincères...

Un grand prélat disait naguère : « si la France ne redevient pas chrétienne, la France est perdue... »

Disons mieux : la France est perdue, si elle ne devient pas parfaitement républicaine ! car, alors seulement elle sera véritablement chrétienne...

10 septembre 1871.

IX

J'ajoute un mot à ces lettres, au moins pour finir par où, peut-être, j'aurai dû commencer.

J'ai parlé des hommes et des choses, des principes et de leur application sans parler de l'auteur de toutes choses, de Dieu ! Cependant je ne crois pas à l'Athéïsme ; je ne crois pas davantage qu'il faille reléguer Dieu par delà les astres, où, d'après un système philosophique ancien, il aurait fixé son éternelle résidence ; car, pour moi, cette parole de Bossuet est parfaitement vraie : « L'homme s'agite et Dieu le mène. »

C'est pourquoi je dis que toute société qui veut vivre, ne peut pas se passer de morale et par conséquent de Dieu l'auteur même de la morale.

Notre résurrection ou notre réorganisation demande, ai-je montré, la réforme de nos institutions, mais elle demande avant tout la réforme de nos mœurs, sans quoi l'édifice que nous voulons reconstruire péchant ainsi par la base, ne tarderait pas à s'écrouler..... Eh ! que font à un corps gangrené médicaments et remèdes, s'ils n'éteignent pas le feu intérieur qui le consume ? Peut-être diminuent-ils l'intensité du mal ; mais tant qu'il y aura de la gangrène, ils ne lui rendront ni la force, ni la vigueur, ni la vie qui s'en va.....

Certes, serait-ce exagérer que de dire que notre société est ce corps gangrené ? Supposons, en effet, qu'un homme sage par excellence, plus sage que Socrate, pût parfaitement apercevoir, des hauteurs où il serait placé, notre société dans ses divers mouvements ! que verrait-il ?

Il verrait un peuple ne travaillant quand il travaille que pour jouir, et après le travail, moyen de lucre, courant s'amuser, s'amuser encore, s'amuser toujours ; il verrait la multitude plus avide de jouissance que de vertu, s'arrêter en foule devant l'étalage du premier libraire placé sur son chemin, pour admirer..... quoi ? une caricature, — signe du temps : la caricature est en vogue ! — et de là courir, se presser à la représentation des *Bibelots du diable* ou de la *Chatte blanche* ; il verrait encore la foule se précipiter dans ces bas-fonds de la société où l'âme de l'homme s'abêtit et où son corps se fait squelette : il verrait enfin, ici, là, partout, le dégoût pour le beau, le bien, le vrai, et l'avidité, l'empressement pour le comique, le ridicule, le risible. Quel spectacle ! ! !

Un grand écrivain a dit : « Quand on ne crut » plus rien à Athènes et à Rome, les talents disparurent avec les Dieux, et les muses livrèrent à » la barbarie ceux qui n'avaient plus de foi en » elles ! » Assurément, on ne peut pas dire que les talents et les muses aient aujourd'hui complètement disparu ; mais en revanche il n'est pas si rare d'entendre les hommes graves constater que, depuis que Dieu paraît ne plus exister pour notre société, la moralité a baissé et baissé en raison inverse de la hausse matérielle..... Aussi, disent-ils, avec la morale ont beaucoup disparu les qualités du cœur, les nobles sentiments, les idées généreuses, la virilité enfin et les grands caractères ; l'esprit de famille diminue tous les jours, et on n'a plus que du mépris pour tout ce qui est sacré ; nous sommes enfin dévorés par ces trois plaies du monde moderne qu'on appelle cupidité, égoïsme, sensualisme.

Je ne suis pas du nombre des pessimistes, et, à mon avis, ce serait nier la puissante vitalité de la France que de voir là les symptômes d'une irrésistible, irrémédiable, inévitable décadence ! Cependant, il faut l'avouer, en présence surtout de nos derniers désastres qui nous le font si bien sentir, nous avons dégénéré. Étourdis par le bruit des machines de notre industrie, éblouis par les progrès matériels qui font notre admiration, et, comme si nous ne devions pas à l'esprit, à l'intelligence, qui les conçoivent, toutes ces merveilles de la matière, nous nous sommes laissés emporter par le flot du matérialisme ou du positivisme, nous avons oublié Dieu et, partant, perdu le sens moral ; nous sommes devenus une génération de sceptiques ou d'efféminés...

De là notre faiblesse ! de là peut-être nos malheurs et notre abaissement !...

Relevons donc nos mœurs, en même temps que nous réformons nos institutions, si nous voulons relever notre grandeur ! Et pour cela, commençons par placer Dieu au sommet de cet édifice social que nous reconstruisons sur de nouveaux fondements. Ce n'est pas nous, Républicains, qui devons craindre de rendre à Dieu sa place parmi nous : il est le père de la liberté, de cette liberté qui est un de ses principaux attributs.

Donc, deux moyens me paraissent surtout indispensables à l'accomplissement de cette œuvre de notre régénération : faire vivre les saines croyances dans les âmes et propager la lumière, répandre l'instruction.....

Oui, voilà bien les conditions du succès et de l'efficacité de la réforme de nos institutions ! C'est, du reste, le grand conseil de Plutarque, qui s'adresse aujourd'hui plus particulièrement à la France et que je suis heureux de rapporter en terminant, car il confirme pleinement ma pensée et lui donne l'appui d'un grand nom : « Un peuple, a dit ce célèbre » biographe, veut-il améliorer son armée, ses finan- » ces, son administration, sa politique, qu'il com- » mence par élever dans toutes ses classes le niveau » intellectuel et moral, car les fruits de l'arbre ne » sont jamais que ce qu'est l'arbre lui-même. »

FIN

TABLE DES MATIÈRES

Dédicace........................ 3

I Paris capitale........................ 7

II Le gouvernement n'est pas à sa place.... 15

III La République, c'est l'union............ 23

IV La République, c'est l'économie et la liberté........................ 31

V Le 4 septembre........................ 39

VI Les deux Nérons........................ 47

VII Du respect dû à la loi et aux bonnes institutions qui, seules, peuvent sauver la République........................ 57

VIII Les républicains........................ 65

IX Conclusion........................ 75

AUCH. — IMP. J. PEYRUSSAN, RUE ESPAGNE, 12

www.ingramcontent.com/pod-product-compliance
Ingram Content Group UK Ltd.
Pitfield, Milton Keynes, MK11 3LW, UK
UKHW020339250726
13967UKWH00005B/2009

9 782012 985377